Cuidemos a nuestra tortuga nueva

Alejandro Algarra
Rosa M. Curto

BARRON'S

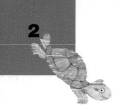

Una sorpresa muy especial

Mario y su hermana pequeña, Inés, pronto van a tener, una gran sorpresa. Hace ya algunos días que mamá y papá están preparando un acuario grande con varias cositas adentro, pero no les han dicho a los niños qué animal van a poner ahí. Mamá les da solamente una pista: es un animal que tiene caparazón. Inés trata de imaginarse qué puede ser: ¿un caracol? ¿quizás una tortuga?

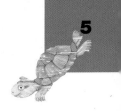

La mascota sorpresa es...

¡Una tortuga! Inés y Mario se ponen muy contentos. Tan pronto llegan de la tienda, papá pone a la tortuga en un pequeño acuario que tenían en el desván. "Niños, ahora no pueden tocarla. Esperen unos días y les avisaré si la tortuga puede quedarse permanentemente." Mario pregunta "¿Por qué no la pones en el acuario grande que habías preparado para ella?" Papá y mamá explican a los niños que hay que esperar unos días, hasta que lleven a la tortuga al veterinario y analicen sus "caquitas."

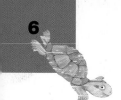

Un nombre muy original

Todo ha ido bien en el veterinario y la tortuga, que está muy sana, ya está en casa para siempre. Mario e Inés buscan un nombre para la mascota que les guste a los dos. Les cuesta un poco decidirse pero al final se han puesto de acuerdo y han resuelto que la tortuga se llamará *Nicolasa*. ¡Es un nombre muy original! Mamá ha llegado a casa, y todo está preparado para ponerla en su hogar definitivo. Inés y Mario gritan fuerte: "¡La tortuga se llama Nicolasa!"

Cuerpo verde y orejas rojas

¿Cómo es la tortuga de Mario e Inés? Es una *tortuga de orejas rojas*. Lleva a cada lado de la cabeza, justo detrás de cada ojo, una marca de color rojo vivo. ¡Pero no son orejas! Las tortugas, igual que otros reptiles como la serpiente o la lagartija, no tienen orejas. Es una criatura acuática y le gusta vivir en un ambiente cálido, tomando el sol gran parte del día. Además, es muy buena nadadora. Cuando la compraron medía unas 4 pulgadas (10 cm). Las tiendas no pueden vender tortugas que midan menos, para garantizar que sean fuertes y sanas cuando llegan a casa.

¿Cómo es la casa de Nicolasa?

Nicolasa ha encontrado un acuario/terrario muy acogedor:

Acuario/terrario: ha de ser bastante grande, para que pueda nadar a sus anchas cuando se haga mayor.

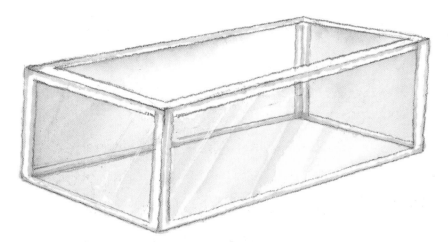

Luces: la tortuga necesita una luz ultravioleta para crecer sana y fuerte y una luz normal (puede ser fluorescente) que se han de mantener encendidas durante 8 a 12 horas diarias.

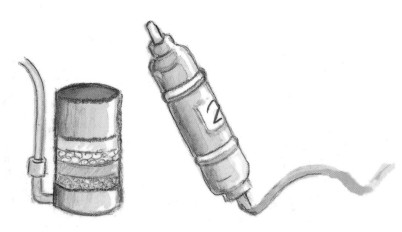

Aparatos: hay que poner un filtro que mantenga el agua limpia y un calentador para acuarios, para que el agua tenga la temperatura adecuada.

Arena: se debe cubrir el fondo del acuario con una capa de arena.

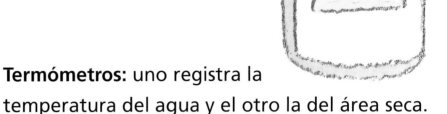

Termómetros: uno registra la temperatura del agua y el otro la del área seca.

Área seca: esta plataforma sirve para que la tortuga descanse en tierra firme, tome sus baños de luz y calor y también aquí pondremos parte de la comida los primeros días; podemos construirla de varias maneras.

Acuario de alimentación: para mantener limpio más tiempo el acuario principal es mejor alimentar a la tortuga en un pequeño acuario aparte (con agua y área seca).

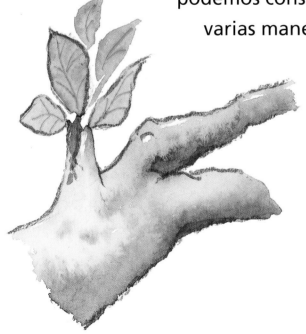

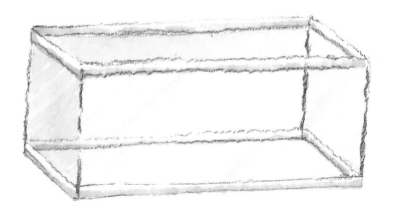

El primer baño

La primera vez que Nicolasa entró en su acuario, se quedó escondida en su caparazón. Tiene un poco de miedo porque lleva unos días bastante ajetreados. Poco a poco va sacando las patitas y la cabeza, asomándose para ver cómo es su casa y si todo está tranquilo.

Por fin, Nicolasa se decide y se zambulle por primera vez en el agua. "¡Mira
Mario! ¡Mira cómo nada!" Cuando llega al fondo, la tortuga se esconde debajo
de una teja que había puesto mamá. ¡Qué bien, pero luego tiene que salir a
respirar, claro!

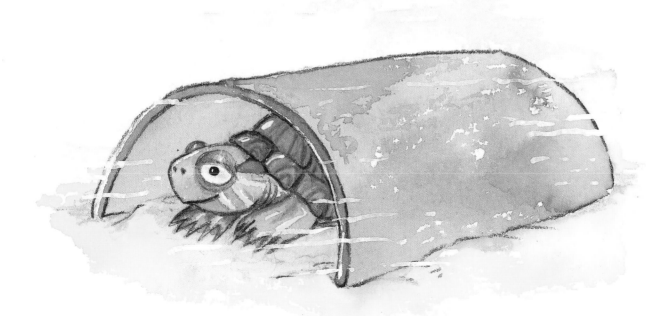

La limpieza del acuario

El agua del acuario de Nicolasa debe estar siempre muy limpia para que no se enferme. Si no la limpiaran a menudo se llenaría de sus caquitas y restos de comida y al final olería bastante mal. Cada dos o tres días los niños ayudan a papá y mamá a cambiar parte del agua. Y cada dos semanas, más o menos, hay que hacer limpieza general: se cambia toda el agua, se limpia a fondo el área seca y también las piedras y los vidrios del acuario. ¡Qué sana va a estar Nicolasa si los niños mantienen su casa siempre aseada!

Es la hora de comer

A Nicolasa le gusta comer un poco de todo. Tiene una dieta muy variada que incluye frutas y verduras, un poquito de carne y comida especial para tortugas. Hoy le toca a Inés ponerle la comida. Primero coloca en el área seca unas hojitas limpias de lechuga fresca. Luego tira una pizca de comida preparada, en forma

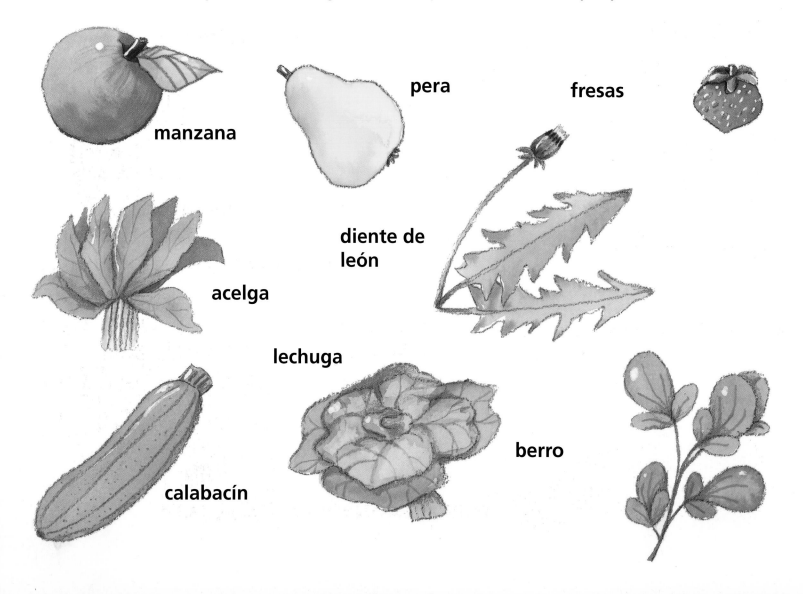

manzana

pera

fresas

acelga

diente de león

lechuga

calabacín

berro

de palitos, dentro del agua. Y para terminar, unos cubitos de carne, que a
Nicolasa le encantan. Mamá ha aprovechado que hoy le dan carne a la tortuga
para mezclarla con polvos de calcio. De esa manera, los huesos y el caparazón de
la tortuga crecerán sanos y fuertes. ¡Ojo! Nunca debes darle a tu tortuga más
de lo que puede comer en unos 15 minutos y la carne dásela como premio,
pero no habitualmente.

comida preparada

calcio

nutrimentos

vitaminas

comida fresca para gatos y perros

pollo cocido y cortado en cubitos

comida en palitos

carne en cubitos

Baños de calor

No hay nada que le guste más a Nicolasa que tenderse debajo de la bombilla que le sirve como calentador. Los reptiles son animales de sangre fría y necesitan calentarse para hacer todas sus actividades. La tortuga se tiende bajo la luz y estira el cuello y las patas. Inés pregunta, "¿por qué no acercamos más la bombilla?" "¡Porque podría quemarse! Ella nunca puede tocar esa lámpara," le responde Mario. "Además", dice papá, "es muy importante que esa lámpara esté bien conectada y bien sujeta para que no haya ningún accidente con el agua."

Una lámpara fluorescente especial

Inés se ha dado cuenta de que una de las dos lámparas fluorescentes de la tapa del acuario es de color morado. ¿Por qué es así? ¡Qué misterio! Mario le explica para qué sirve: es una luz ultravioleta. La tortuga la necesita para mantener su caparazón bien duro y muy sano y los huesos fuertes. Igual que las personas, las tortugas necesitan la luz ultravioleta para poder fabricar una vitamina muy importante: la vitamina D. Nosotros tomamos la luz ultravioleta del sol, pero como la tortuga vive dentro del acuario, se le pone esa luz especial. Sin esa luz, Nicolasa se pondría tristona, comería menos y además se le podría enfermar el caparazón. "¡Uf! ¡Qué suerte que se la pusimos!" dice Inés.

Las manos bien limpias

Nicolasa ya ha pasado unas cuantas semanas en el acuario y se está acostumbrando poco a poco. Mario tiene curiosidad por tocar a la tortuga y saber qué se siente. "¡Yo también quiero tocarla!" dice Inés. Ella también quisiera cogerla, pero no puede: sus manos son demasiado pequeñas y se le podría caer. Antes de coger a la tortuga, pero sobre todo después, hay que lavarse las manos a fondo. Mario toma a Nicolasa con las dos manos agarrando fuerte a la tortuga por el caparazón. Es bueno que Nicolasa pueda poner las garritas sobre las manos de Mario. Así, no tiene sensación de vacío bajo sus pies y se siente más segura.

Los amigos de Nicolasa

"Papi, ¿podríamos tener otra tortuga en el acuario para hacerle compañía a Nicolasa?" pregunta Mario. "No es buena idea", dice papá y explica a sus hijos que las tortugas de orejas rojas prefieren vivir solas. "Si tuviéramos un acuario más grande podríamos tener otra tortuga. En nuestro acuario a lo mejor no tendrían espacio suficiente y se pelearían. No se preocupen, porque Nicolasa tiene suficiente compañía aquí en casa. ¡Nosotros somos sus amigos!"

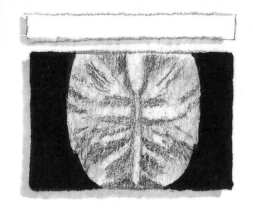 

Nicolasa está enfermita

Inés se ha dado cuenta de que Nicolasa está un poco rara últimamente. Pasa mucho tiempo dentro de su caparazón y ha empezado a comer menos. El otro día Inés la vio hacer un movimiento raro dentro del agua, como si estuviera tosiendo. Parece que Nicolasa está un poco resfriada. Hay que llevarla al veterinario. Los reptiles tienen uno especial, al que son llevadas mascotas como las ranas, los geckos y las tortugas. El veterinario va a ponerle unas inyecciones con antibióticos y la familia va a mover el acuario a otro lugar donde no haya corrientes de aire. ¡Son malísimas para las tortugas! Con suerte, Nicolasa no tardará mucho en curarse.

¡Eso no se hace!

Mario se ha enterado de que un amiguito de la clase ha soltado a su tortuga en un estanque que hay cerca del colegio. "¿Por qué hizo eso?" pregunta mamá. "Me dijo que el acuario se les había quedado muy pequeño para cuidarla y no querían comprar uno más grande" contestó Mario. "Nosotros nunca haremos eso con Nicolasa", dijo mamá enfadada. Cuando compras una mascota has de tener claro que la cuidarás mientras viva. Muchas tortugas que la gente suelta en los estanques y lagos mueren de frío o de hambre. Y muchas otras sobreviven y echan para fuera a otras tortugas salvajes que antes vivían ahí. Puedes llevarla a un zoológico o a alguna tienda de animales y buscarle un nuevo dueño, pero jamás soltarla en la naturaleza.

Después de tantos años...

Cuando los niños se hagan mayores y se vayan de casa, Nicolasa aún seguirá con la familia. Las tortugas de orejas rojas pueden vivir unos 25 años, y algunas pasan de 40. A Nicolasa la podrán conocer incluso los hijos de Mario e Inés. La escena será muy bonita: los nietos acudirán a casa de los abuelos y pasarán la tarde entretenidos mirando a la vieja Nicolasa, que después de tantos años sigue tan contenta como el primer día. La tortuga mira a todos desde su acuario, les guiña el ojo y se zambulle en el agua para refrescarse. ¡Adiós Nicolasa!

Una caja-tortuga

Materiales: pegamento, cartulina de color verde, papel blanco, una acuarela verde y una roja, una brocha, un recipiente de cartón para huevos, un marcador negro y tijeras.

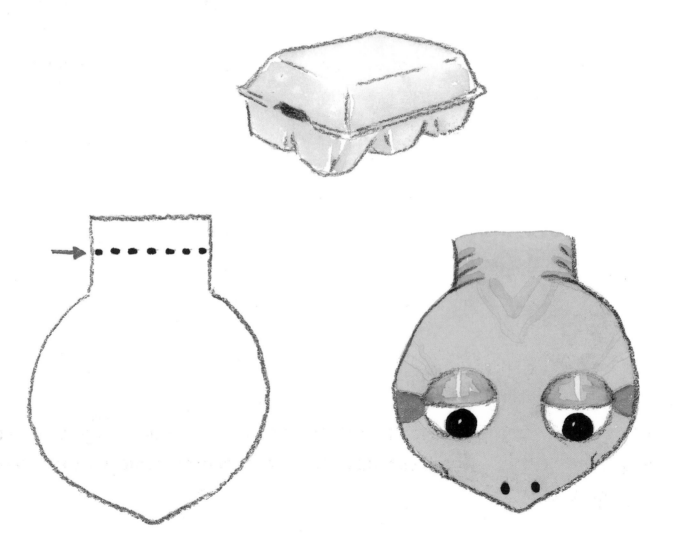

Instrucciones:

1. Pinta el recipiente en diferentes tonos de verde y dibuja franjas o manchones amarillos, y espera hasta que la acuarela quede seca.

2. Traza la forma de la cabeza sobre la cartulina verde y recórtala.

3. Dibuja los ojos en el papel blanco y recórtalos. Pégalos en la cabeza. Con el marcador negro, dibuja los agujeros de la nariz y los irises de los ojos. También puedes añadirle los párpados.

4. Cuando el recipiente esté seco, une la cabeza de la tortuga a la línea de puntos tal como muestra la flecha.

Ahora tienes una divertida caja en forma de tortuga y puedes guardar en ella cosas chiquitas, como cuentas para hacer collares, canicas y toda clase de pequeños tesoros.

Consejos del veterinario

Una mascota muy longeva

La tortuga de orejas rojas, también conocida como tortuga de Florida, es una de las mascotas más populares en todo el mundo. Basta que le des unos cuidados sencillos, una buena supervisión de su salud y la alimentación adecuada, para que te acompañe durante toda una vida. Igual que todas las otras mascotas, la tortuga no es un juguete sino un ser vivo con una serie de características especiales que debemos atender. Para empezar, no compres los típicos recipientes, pequeños y con una palmerita de plástico, que venden en muchas tiendas como hogar para las tortuguitas. Antes de comprarla debes informarte bien de las cosas que necesita, prepararlas en casa con antelación y después elegir en la tienda el ejemplar más adecuado.

Tamaño del acuario

Para que nuestra tortuga viva a gusto, debemos proporcionarle un acuario lo suficientemente grande para que pueda nadar a sus anchas. También necesita una parte seca, donde pueda descansar y recibir los rayos del sol. Para las tortugas más pequeñas podemos empezar con un acuario más pequeño, pero hay que tener en cuenta que, bien cuidadas, pueden alcanzar un tamaño de 10 pulgadas (25 cm) o más en poco tiempo. Una buena regla para saber el tamaño que debe tener el acuario: la profundidad del agua ha de ser entre una y media y dos veces mayor que la longitud de su caparazón, con varias pulgadas desde la superficie del agua hasta el borde superior (unas 8 pulgadas o 20 cm) para que no se pueda escapar. La anchura debería ser entre dos y tres veces la longitud del caparazón, y la longitud del acuario unas cuatro a cinco veces la longitud del caparazón. Para tortugas adultas, esto puede significar un acuario muy grande. Se puede utilizar un tanque opaco en vez de un acuario, respetando las dimensiones indicadas.

La zona seca del acuario

Hay que tener en cuenta que, además del agua, debe haber espacio para la zona seca. Existen diferentes soluciones: puedes colocar piedras grandes cementadas entre ellas a un lado del acuario o tanque, apiladas hasta que sobresalgan del agua, y utilizar también ramas y otras decoraciones, formando una superficie plana. Otra solución consiste en pegar una superficie de vidrio a un lado del acuario, con una pequeña rampa para que la tortuga pueda salir del agua cuando quiera. Esta superficie puede decorarse pegando césped artificial, justo hasta el contacto con el agua. En las tiendas especializadas existen acuarios preparados ya de esa manera. La tortuga de orejas rojas es amante del sol. Le encanta tenderse al sol, en su entorno natural, hasta que alcanza una temperatura suficientemente alta y se sumerge en el agua para refrescarse. Es importante proporcionar a nuestra tortuga una fuente diaria de rayos ultravioleta, ya que lo necesitan para que sus huesos y caparazón crezcan sanos y evitar el raquitismo. Para ello, existen bombillas especiales de rayos ultravioleta. Además es necesaria una luz que ilumine el acuario, entre 8 y 12 horas al día. Existen tapas de acuario preparadas para colocar las luces fluorescentes necesarias.

Para completar el acuario

Antes de poner el agua y las rocas, coloca una capa delgada de arena en el fondo del acuario. Puedes poner también algo de decoración en el agua, como por ejemplo algún tronco o rama y una teja colocada boca abajo. Un aspecto importantísimo es la temperatura. Estas tortugas viven en zonas cálidas. Debes poner un calentador de agua dentro del acuario, y un termómetro. La temperatura del agua debe estar entre 75 y 86°F (24 y 30°C). Si está más baja, la tortuga puede perder el apetito, dejar de crecer y estará más débil frente a enfermedades. Tampoco es bueno que supere los 86°F (30°C). En cuanto a la temperatura del área seca, no es necesario ningún elemento extra si la temperatura de la habitación es superior a 75°F (24° C). Sólo necesitarás una bombilla que servirá para calentar una zona del área seca, donde la tortuga se tenderá a calentarse. La temperatura de la zona debe ser de unos 86 a 88°F (30 a 31°C). La tortuga no debe ser capaz, en ningún caso, de tocar la bombilla. También es necesario un filtro para el agua, ya que la tortuga de Florida se alimenta en el agua y también acostumbra hacer sus necesidades ahí. El filtro no debería crear una corriente demasiado fuerte, ya que éstas son tortugas de aguas calmas. En todo caso, el agua debe estar siempre razonablemente limpia y además, incluso con el filtro, hay que cambiarla cada tres o

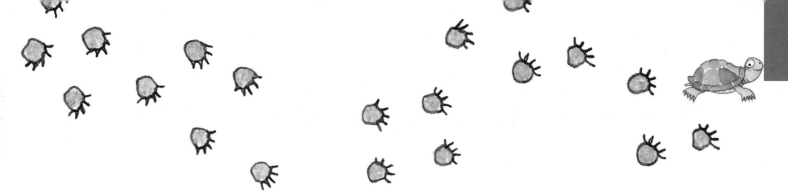

cuatro semanas, aprovechando ese momento para limpiar el fondo y el resto de las instalaciones.

De pequeñas, más carne; de mayores, más verdura

Las tortugas de orejas rojas son omnívoras. Esto significa que comen tanto alimentos de origen vegetal como animal. Sin embargo, su dieta varía con la edad. Cuando son jovencitas, son másque nada carnívoras y debes alimentarla a diario, de adultas prefieren los vegetales y puedes darle de comer una vez cada dos o tres días. La dieta de jóvenes y adultas debe ser variada para que la tortuga pueda obtener todos los nutrientes y vitaminas que necesita. Nunca le des más de lo que puede comer, es mejor ser un poco "tacaño". Puedes darle comidas preparadas para reptiles, a la venta en tiendas de mascotas, preferiblemente en forma de *pellets* o palitos sólidos, que no ensucian tanto el agua. También puede comer lombrices vivas, que debes comprar en la tienda, ya que las que hay en los jardines llevan muchas bacterias y parásitos. Existen más tipos de comida viva a la venta en comercios especializados, como grillos, pequeños peces o larvas de mosquito. Otras fuentes de proteína animal, aunque se deben usar sólo muy de vez en cuando, son la carne de buey, en pequeños trozos, pollo cocinado, y también comida fresca para perros o gatos. La mayor parte de la comida que le des a tu tortuga debe estar formada por vegetales: hojas de espinaca o col fresca, diente de león, zanahoria picada, calabacín y habichuelas verdes. Pueden comer también fruta fresca, como manzanas, peras, fresas, etc., cortadas en trocitos. El tomate les encanta, pero hay que dárselo muy de vez en cuando ya que, como otros alimentos ricos en fósforo, no favorece la absorción de calcio. Dos o tres veces a la semana debemos enriquecer la dieta con un poco de calcio en polvo mezclado con la comida. En cuanto a los suplementos vitamínicos, sólo debieras darlos si son necesarios, ya que una dieta variada y una buena fuente de luz ultravioleta ya contiene todo lo que le hace falta.

La salud de la tortuga

Hay que estar siempre atentos a posibles enfermedades que pueda contraer la tortuga. Si ves síntomas no habituales en los ojos,

orificios nasales y boca, si aparecen bultos o puntitos en el caparazón, o si cambia su comportamiento, como por ejemplo falta de apetito o poca actividad, debes llevarla al veterinario especializado en reptiles. Hoy en día hay cada vez más veterinarios especializados que pueden dar el tratamiento adecuado a las tortugas. Cuando traemos a la tortuga a casa el primer día, es muy recomendable aislarla durante algunos días. Se debe evitar el contacto con los niños durante este período. En cuanto se pueda, se deben recoger muestras de sus excrementos y llevarlos a analizar al veterinario, junto con la tortuga para que le haga un chequeo general. Si la declaran sana, es decir, sin parásitos intestinales ni bacterias patógenas, ya podemos colocarla en su hogar definitivo. En cuanto a la manipulación de tortugas por parte de los niños, es necesario, en primer lugar, que tengan suficiente edad para poder acarrearla con las dos manos y sin riesgo de caída (sobre todo las tortugas adultas). En segundo lugar, es imprescindible lavarse las manos siempre antes y después de cogerla para evitar infecciones.

Cómo elegir la tortuga

En el momento de comprarla, debemos observar algunas características que nos ayudarán a elegir la tortuga más sana. En primer lugar, el caparazón debe estar sano. Esto significa, en tortugas jóvenes, un tacto similar al de una uña. En una tortuga adulta, el caparazón debe ser duro y no tener bultos ni placas dañadas. La piel debe presentar también un aspecto saludable y sin grietas en el cuello y las patas. Los ojos deben aparecer vivos y abiertos, sin hinchazones ni aparecer medio cerrados. Los orificios nasales deben estar limpios, sin burbujeo y sin emitir sonidos. Las garras deben ser fuertes y no faltar ninguna. Por último, ha de responder pataleando con furia o bien escondiéndose rápidamente en el caparazón cuando la levantemos. Ambos síntomas indican buena salud.

Cuidemos a Nuestra Tortuga Nueva
Original title of the book in Catalan:
UNA TORTUGA EN CASA
© Copyright GEMSER PUBLICATIONS S.L., 2008
Barcelona, Spain (World Rights)
Author: Alejandro Algarra
Illustrator: Rosa Maria Curto

Dirigir toda consulta a:
Barron's Educational Series, Inc.
250 Wireless Boulevard
Hauppauge, New York 11788
www.barronseduc.com

Número Internacional del Libro-13: 978-0-7641-4061-7
Número Internacional del Libro-10: 0-7641-4061-2

Número de Catálogo de la Biblioteca
del Congreso de EUA 2008925895

Printed in China
9 8 7 6 5 4 3 2 1